Inhalt

6   Gerichte für den kleinen Hunger
Die gehen immer: leichte Salate, Suppen und Snacks für mittags und zwischendurch.

44   Abwechslungsreiche Hauptmahlzeiten
Fleisch, Fisch, Eier und Tofu zum Sattessen – wer braucht da schon Pasta und Co.?

108   Auf einen Blick
Hier findest du alle Rezepte – übersichtlich von A–Z sortiert.

110   Lust auf...
Du hast heute Appetit auf Suppe oder Ofenküche? In dieser Übersicht findest du je nach Lust und Laune das richtige Rezept für dich.

112   Impressum

QR-Code scannen und Einkaufslisten, Kochvideos und Schritt-für-Schritt-Anleitungen entdecken

Rezeptinfos

 SmartPoints Wert und zusätzlich kcal/kJ pro Person/Glas/Stück

 Dieses Symbol zeigt dir, wie du das Rezept variieren kannst.

 Gut zu wissen – Tipps und Tricks sowie hilfreiche Warenkunde erkennst du an diesem Symbol.

 Film ab! Entdeckst du dieses Symbol an einem Rezept, gibt es dazu ein Kochvideo. Einfach den QR-Code auf dieser Seite scannen. Zu welchen Rezepten es Videos gibt, siehst du übersichtlich im Register auf Seite 108.

Extra für dich: Auf den Rezeptseiten erfährst du direkt neben dem SmartPoints Wert, ob ein Rezept gluten- oder laktosefrei, vegan oder vegetarisch ist. Die Kennzeichnung ist rein informativ und nicht verbindlich. Es liegt in der persönlichen Verantwortung zu püfen, ob die verwendeten Lebensmittel die Anforderungen erfüllen. Zusätzlich findest du auch eine Info, wenn sich ein Gericht gut zum Einfrieren eignet.

Fertig in: Hier sind alle Vorbereitungsschritte, Marinier-, Gar- und Backzeiten eingerechnet.

Davon aktiv: Diese Zeitangabe sagt dir, wie lange du wirklich mit Schnippeln und Rühren beschäftigt bist.

Infos

Lecker, leicht &
willkommen in der Weight Watchers Welt.

Frische Zutaten, raffinierte Rezepte, einfache Zubereitung. Leichte und figurbewusste Ernährung kann so simpel, abwechslungsreich und vor allem lecker sein – mit Weight Watchers. Wir freuen uns darauf, dich mit unseren Kochbüchern zu inspirieren und jeden Tag aufs Neue mit leckeren Gerichten zu überraschen.

Immer wieder anderes. Immer wieder neu.

Genau wie unsere Rezepte wird auch unser Programm immer weiter optimiert. Klar, die Dinge ändern sich. Dabei nehmen wir Trends, wachsende Anforderungen an Lebensmittel und Ernährung sowie neueste Erkenntnisse aus Wissenschaft und Forschung stets genau unter die Lupe. Das Ergebnis: Feel Good – unser modernes, ganzheitliches Programm und die perfekte Kombination aus ausgewogener Ernährung, Bewegung und einer guten Portion eigener Wertschätzung.

Drei Säulen machen dabei den Weg zum eigenen Wunschgewicht noch effektiver.

Das wird dir schmecken.

Unser Punktesystem wird noch schlauer. Wie? Mit den SmartPoints! Die SmartPoints Formel ist nach allerneuesten Studienergebnissen der Ernährungsforschung entwickelt worden. Teilnehmer, die bereits die neuen SmartPoints nutzen, finden es leichter, gesünder zu essen, und sind insgesamt zufriedener mit dem Programm und ihrem Erfolg.

Aus Auszeit wird Aktivzeit.

Bewegung ist wichtig. Warum? Man fühlt sich fitter. Verbraucht mehr Energie. Und ist einfach besser drauf. Daher werden Fitness und Sport zu einem noch wichtigeren Teil des Programms. Zusammen entwickeln wir einen Plan für dein persönliches Aktivitätsziel.

Das Wichtigste zum Schluss – du.

Die Eckpfeiler für ein gesundes, bewusstes Leben? Eine ausgeglichene, positive Einstellung. Mit Feel Good zeigen wir dir, wie du deine innere Balance findest, sodass du dich rundum wohlfühlst und glücklich bist.

ausgewogen

Und worauf hast du Lust?

Ganz egal, welcher Typ du bist, wir bieten ein Programm, das zu dir und deinem Alltag passt. Lass dich von einer starken Community in unseren Treffen mitreißen oder erlebe Feel Good ganz einfach von Zuhause oder unterwegs, mit dem Online Programm und unserer App. Noch nie war der Weg zum Wunschgewicht so einfach und flexibel.

Treffen
Das trifft sich gut:

Mit einer starken Community und der persönlichen Unterstützung unserer Coaches zum Wunschgewicht.

 Motivation, Inspiration und hilfreiche Ratschläge unserer Coaches.

 Gemeinsamer Austausch, Hilfestellung oder Motivation in der Community.

 Neueste Erkenntnisse zum Thema Ernährung von Experten gebündelt.

Online
Das klickt sich gut:

Ob unterwegs in der Bahn oder zu Hause aus dem Wohnzimmer – mit Weight Watchers Online und der passenden App bist du always on.

 Bewusste Ernährung leicht gemacht. Mit unserem SmartPoints Plan.

 Clevere Food-Pläne.

 Austausch per Chat oder Challenges in der Online-Community.

 Barcode-Scanner für sofortigen SmartPoints Check im Supermarkt.

 ActivPoints werden direkt mit deinem Account synchronisiert.

Der MonatsPass
Treffen, Online und App. Die perfekte Kombi für deine Abnahme.

Auf Seite 106 erzählt Monika, wie unser Feel Good Programm für sie funktioniert. Und jetzt viel Spaß mit unseren Rezepten.

Alle Infos zu unserem Programm gibt es unter www.weightwatchers.de

Gerichte für den kleinen Hunger

Barbecuesalat mit Tatar

fertig in: 25 Minuten | davon aktiv: 25 Minuten
256 kcal | 1073 kJ

Zwiebel schälen, in Streifen schneiden und 1/4 beiseitestellen. Öl in einer Pfanne auf mittlerer Stufe erhitzen, Tatar darin krümelig braten, salzen, pfeffern und herausnehmen.

Für die Barbecuesauce Knoblauch pressen und mit Zwiebelstreifen im Bratensatz kurz anbraten. Tomatenmark einrühren und kurz anrösten. Mit passierten Tomaten und Brühe ablöschen, mit Paprika-, Chilipulver, Zitronensaft und Worcestersauce würzen und ca. 7–8 Minuten köcheln lassen.

Sellerie, Salat und Cocktailtomaten waschen. Salat trocken schleudern. Sellerie in Scheiben schneiden und Tomaten halbieren. Barbecuesauce mit Salz und Pfeffer abschmecken und abkühlen lassen. Mit Salat, Selleriescheiben, Tomatenhälften und Tatar mischen. Barbecuesalat mit restlichen Zwiebelstreifen bestreut servieren.

Für 4 Personen:

- 1 rote Zwiebel
- 1 EL Rapsöl
- 500 g Tatar
- Salz, Pfeffer
- 1 Knoblauchzehe
- 4 EL Tomatenmark
- 200 g passierte Tomaten (Konserve)
- 225 ml Gemüsebrühe (1 TL Instantpulver)
- 1 TL Paprikapulver
- 2 Msp. Chilipulver
- 1–2 TL Zitronensaft
- 2 EL Worcestersauce
- 4 Stangen Staudensellerie
- 200 g Pflücksalat
- 300 g Cocktailtomaten

Info

Worcestersauce ist eine englische Sauce, die sich besonders zum Würzen von Fleisch- und Fischgerichten eignet.

Für den kleinen Hunger

Für den kleinen Hunger

Bunter Eiersalat

fertig in: 15 Minuten | davon aktiv: 15 Minuten
vegetarisch
278 kcal | 1166 kJ

Eier in kochendem Wasser ca. 10 Minuten hart kochen, abschrecken, pellen und hacken. Sellerie, Tomate und Frühlingszwiebel waschen. Sellerie in Scheiben, Tomate in feine Würfel und Frühlingszwiebel in feine Ringe schneiden.

Für das Dressing Joghurt mit Senf, Essig und Currypulver verrühren und mit Salz und Pfeffer abschmecken. Selleriescheiben, Tomatenwürfel, Frühlingszwiebelringe und Ei mit Dressing vermischen. Salat waschen und trocken schütteln. Eiersalat auf Römersalatblättern anrichten und mit Petersilie bestreut servieren.

Für 1 Person:

- 2 Eier
- 1 Stange Staudensellerie
- 1 Tomate
- 1 Frühlingszwiebel
- 100 g Magermilchjoghurt
- 1/2 TL Senf
- 1 EL Apfelessig
- 1/4 TL Currypulver
- Salz, Pfeffer
- 4 Blätter Römersalat
- 1 TL gehackte Petersilie

Rucola-Birnen-Salat mit Putenstreifen

fertig in: 30 Minuten | davon aktiv: 30 Minuten
413 kcal | 1731 kJ

Zitronenschale abreiben und Zitronenhälfte auspressen. Rucola waschen und trocken schleudern. Birne waschen, vierteln, entkernen, in dünne Spalten schneiden und mit 1 TL Zitronensaft beträufeln. Rucola mit Birnenspalten auf Tellern anrichten.

Für das Dressing Buttermilch mit Essig, 1 EL Zitronensaft, 2 TL Öl, Salz und Pfeffer verquirlen und über den Salat geben. Putenschnitzel abspülen, trocken tupfen und in Streifen schneiden.

Restliches Öl in einer Pfanne auf mittlerer bis hoher Stufe erhitzen und Putenstreifen darin ca. 3–5 Minuten rundherum braten. Mit Salz, Pfeffer und 2 Prisen Zitronenschale würzen, auf den Salat geben, mit Parmesan bestreuen und servieren.

Für 2 Personen:

- 1/2 unbehandelte Zitrone
- 120 g Rucola
- 1 Birne
- 100 ml Buttermilch
- 1 EL Weißweinessig
- 3 TL Rapsöl
- Salz, Pfeffer
- 400 g Putenschnitzel
- 2 EL Parmesanhobel

Für den kleinen Hunger

Für den kleinen Hunger

Chicken Wings mit Worcesterdip

 fertig in: 3 Stunden | davon aktiv: 35 Minuten
404 kcal | 1693 kJ

Hähnchenflügel abspülen und trocken tupfen. Für die Marinade Tomatenmark mit Pflaumenmus, Tabasco und Sojasauce verrühren, Hähnchenflügel damit bestreichen und ca. 2 Stunden im Kühlschrank ziehen lassen.

Für den Dip Zwiebel schälen und würfeln. Öl in einem Topf auf mittlerer Stufe erhitzen und Zwiebelwürfel darin ca. 2 Minuten anbraten. Mit Tomaten ablöschen, mit Balsamicocreme, Worcestersauce, Senf und Paprikapulver würzen und ca. 20 Minuten köcheln lassen. Dip mit Salz und Pfeffer abschmecken und abkühlen lassen.

Backofen auf 200° C (Gas: Stufe 3, Umluft: 180° C) vorheizen. Hähnchenflügel auf einem mit Backpapier ausgelegten Backblech verteilen und im Backofen auf mittlerer Schiene ca. 40 Minuten backen.

Für den Salat Lollo rosso waschen, trocken schleudern und in mundgerechte Stücke zerteilen. Tomaten waschen und in Spalten schneiden. Salat und Tomatenspalten mit Dressing mischen. Chicken Wings mit Worcesterdip, Salat und nach Wunsch mit gehackten Kräutern garniert servieren.

Für 4 Personen:

- 8 Hähnchenflügel (à 75 g)
- 1 EL Tomatenmark
- 3 TL Pflaumenmus
- einige Tropfen Tabasco
- 3 EL Sojasauce
- 1 Zwiebel
- 2 TL Rapsöl
- 200 g passierte Tomaten (Konserve)
- 1 TL dunkle Balsamicocreme
- einige Tropfen Worcestersauce
- 2 TL Senf
- 1/2 TL Paprikapulver
- Salz, Pfeffer
- 1 Lollo rosso
- 4 Tomaten
- 2 Becher Weight Watchers Frisches Joghurt Dressing mit Zitronennote (à 75 ml)

Hähnchen mit Kräuter-Paprika-Quark

fertig in: 25 Minuten | davon aktiv: 20 Minuten
548 kcal | 2295 kJ

Backofen auf 220° C (Gas: Stufe 4, Umluft: 200° C) vorheizen. Für die Marinade Öl mit Paprikapulver verrühren und mit Salz und Pfeffer kräftig würzen.

Hähnchenbrustfilet abspülen, trocken tupfen, in Stücke schneiden, mit Marinade in einen Gefrierbeutel geben und gut verkneten. Auf einem mit Backpapier ausgelegten Backblech verteilen und im Backofen auf mittlerer Schiene ca. 15–20 Minuten garen.

Paprika waschen, entkernen, eine Hälfte grob würfeln und pürieren, restliche Hälfte fein würfeln. Quark mit Paprikapüree glatt rühren, Paprikawürfel unterheben, mit Basilikum, Thymian und Zucker verfeinern und mit Salz und Pfeffer abschmecken.

Kohlrabi und Karotte schälen und in grobe Stifte schneiden. Hähnchen mit Kräuter-Paprika-Quark und Rohkost servieren.

Für 1 Person:

2 TL Rapsöl
1/2 TL Paprikapulver
Salz, Pfeffer
200 g Hähnchenbrustfilet
1 kleine rote Paprika
125 g Magerquark
1 EL gehacktes Basilikum
1/2 TL gehackter Thymian
1 Prise Zucker
1 Kohlrabi
1 Karotte

Für den kleinen Hunger

Für den kleinen Hunger

Grüner Salat mit Avocado-Orangen-Dressing

fertig in: 35 Minuten | davon aktiv: 35 Minuten
vegetarisch
299 kcal | 1252 kJ

Salat, Petersilie, Frühlingszwiebeln, Sellerie und Gurke waschen. Salat trocken schleudern und in Streifen schneiden. Petersilie trocken schütteln und grob hacken. Frühlingszwiebeln in Ringe und Sellerie in Scheiben schneiden. Gurke mit einem Sparschäler in lange Streifen schneiden. Kresse vom Beet schneiden.

Für das Dressing Orangen auspressen. Avocado halbieren, Stein entfernen und Fruchtfleisch aus der Schale lösen. Avocadofruchtfleisch mit Orangensaft, Essig, Brühe und Senf pürieren und mit Salz und Pfeffer abschmecken. Salatstreifen, Gemüse und Kräuter mit Dressing vermischen. Salat mit Pecorino bestreut servieren.

Für 4 Personen:

- 3 Römersalatherzen
- 1 Bund glatte Petersilie
- 1 Bund Frühlingszwiebeln
- 4 Stangen Staudensellerie
- 1 Salatgurke
- 1/2 Beet Kresse
- 2 Orangen
- 150 g Avocado
- 2 EL Weißweinessig
- 50 ml Gemüsebrühe
  (2 Prisen Instantpulver)
- 1 TL Senf
- Salz, Pfeffer
- 80 g gehobelter Pecorino
  (ersatzweise Parmesan)

Info

Pecorino ist ein italienischer Hartkäse, der, im Gegensatz zu Parmesan, aus Schafsmilch hergestellt wird.

Frikadellenspieße mit Gurkensalat

fertig in: 25 Minuten | davon aktiv: 25 Minuten
glutenfrei
395 kcal | 1652 kJ

Gurke waschen und in Scheiben hobeln. Für das Dressing Joghurt mit Essig und Dill verrühren, mit Salz und Pfeffer abschmecken und unter die Gurkenscheiben heben.

Zwiebel schälen und fein würfeln. Hackfleisch mit Zwiebelwürfeln, Petersilie und Quark verkneten und mit Salz und Pfeffer würzen. Masse zu 2 Rollen formen und auf 2 Spieße stecken.

Öl in einer Pfanne auf mittlerer bis hoher Stufe erhitzen und Frikadellenspieße darin ca. 10–12 Minuten rundherum braten. Frikadellenspieße mit Gurkensalat servieren.

Für 1 Person:

- 1 kleine Salatgurke
- 2 EL Magermilchjoghurt
- 1–2 EL Weißweinessig
- 1 TL gehackter Dill
- Salz, Pfeffer
- 1/2 Zwiebel
- 200 g Geflügelhackfleisch (aus Geflügelbrustfilet)
- 1 EL gehackte Petersilie
- 1 EL Magerquark
- 2 TL Rapsöl

Für den kleinen Hunger

Für den kleinen Hunger

Broccolisuppe mit Hähnchenwürfeln

fertig in: 25 Minuten | davon aktiv: 20 Minuten
einfrieren
280 kcal | 1172 kJ

Broccoli waschen, in Röschen teilen und in Brühe ca. 8–10 Minuten garen. Karotten schälen und in Streifen schneiden. Frühlingszwiebeln waschen und schräg in Ringe schneiden. Hähnchenbrustfilet abspülen, trocken tupfen und würfeln.

Karottenstreifen, Frühlingszwiebelringe und Hähnchenwürfel zur Suppe geben und weitere ca. 8 Minuten köcheln lassen. Broccolisuppe mit Schmand verfeinern, mit Salz und Cayennepfeffer würzen und mit Parmesan bestreut servieren.

Für 2 Personen:

- 300 g Broccoli
- 600 ml Gemüsebrühe
  (2 TL Instantpulver)
- 2 Karotten
- 1 Bund Frühlingszwiebeln
- 240 g Hähnchenbrustfilet
- 1 EL Schmand
- Salz
- 1 Msp. Cayennepfeffer
- 2 EL Parmesanhobel

Salatwraps mit Pute

fertig in: 30 Minuten | davon aktiv: 20 Minuten
202 kcal | 848 kJ

Paprika und Radieschen waschen. Paprika entkernen und mit Radieschen fein würfeln. Basilikum waschen, trocken schütteln und hacken. Für die Creme Frischkäse, Quark, Basilikum, Paprika- und Radieschenwürfel verrühren, salzen und pfeffern. Putenschnitzel abspülen, trocken tupfen und in Streifen schneiden.

Öl in einer Pfanne auf mittlerer bis hoher Stufe erhitzen, Putenschnitzelstreifen darin ca. 4–5 Minuten rundherum braten und mit Salz, Pfeffer, italienischen Kräutern und Paprikapulver würzen. Salatblätter waschen und trocken schleudern.

Je 2 Salatblätter übereinanderlegen und mit Gemüsecreme und Putenschnitzelstreifen belegen. Salatblätter einrollen und gegebenenfalls mit Spießen fixieren. Salatwraps servieren.

Für 2 Personen:

- 1 rote Paprika
- 1/2 Bund Radieschen
- 1/2 Bund Basilikum
- 1 EL Frischkäse,
  bis 1 % Fett absolut
- 3 EL Magerquark
- Salz, Pfeffer
- 200 g Putenschnitzel
- 1 TL Olivenöl
- 1 TL italienische Kräuter
- 1/2 TL geräuchertes
  Paprikapulver
- 8–10 Blätter Eichblattsalat

Straußenspieße mit Apfelchutney

fertig in: 35 Minuten | davon aktiv: 35 Minuten
366 kcal | 1539 kJ

Schalotten schälen und fein hacken. Für die Marinade die Hälfte der Schalotten mit Apfelsaft und Öl mischen und mit Salz und Pfeffer würzen. Straußensteak abspülen, trocken tupfen und in Würfel schneiden. Mit Marinade in einen Gefrierbeutel geben, gut verkneten und im Kühlschrank ca. 20 Minuten marinieren.

Für das Chutney Apfel und Chilischote waschen. Apfel vierteln, mit Chilischote entkernen und beides fein würfeln. Ingwer schälen und fein reiben. Apfel- und Chiliwürfel mit restlicher Schalotte, Ingwer und Rosinen in 3 EL Essig und Wasser mit Deckel ca. 15 Minuten dünsten.

Salat waschen und trocken schleudern, Tomaten waschen und halbieren. Für das Dressing restlichen Essig mit Brühe verquirlen und mit Salz und Pfeffer abschmecken.

Straußenwürfel auf 4 Spieße stecken und in einer Pfanne ohne weitere Fettzugabe ca. 10–15 Minuten rundherum braten. Apfelchutney mit Salz und Pfeffer abschmecken und Salat mit Dressing mischen. Straußenspieße nach Wunsch mit gehackter Petersilie garnieren und mit Apfelchutney und Salat servieren.

Für 2 Personen:

- 2 Schalotten
- 1 EL Apfelsaft
- 4 TL Rapsöl
- Salz, Pfeffer
- 300 g Straußensteak
- 1 süßlicher Apfel (z. B. Jonagold)
- 1 kleine rote Chilischote
- 1 Stück Ingwer (ca. 2 cm)
- 1 TL Rosinen
- 5 EL Weißweinessig
- 3 EL Wasser
- 1 Beutel Pflücksalat (150 g)
- 150 g Cocktailtomaten
- 100 ml Gemüsebrühe (1/2 TL Instantpulver)

Für den kleinen Hunger

Für den kleinen Hunger

Putenfrikadellen mit Spinatsalat

 fertig in: 35 Minuten | davon aktiv: 35 Minuten
447 kcal | 1871 kJ

Spinat waschen und trocken schleudern. Tomaten waschen und halbieren. Gurke schälen, längs halbieren und in Scheiben schneiden. Spinat, Tomatenhälften und Gurkenscheiben mischen.

Für das Dressing Joghurt mit Essig, Brühe und Pesto verrühren, mit Salz und Pfeffer abschmecken und über den Salat träufeln. Zwiebel schälen und fein würfeln. Geflügelhackfleisch mit Zwiebelwürfeln, Paniermehl, Ei, Rosmarin, 1/2 TL Salz und Pfeffer verkneten und zu 6 Frikadellen formen.

Öl in einer Pfanne auf hoher Stufe erhitzen und Frikadellen darin ca. 5 Minuten von jeder Seite braten. Frikadellen mit Spinatsalat servieren.

Für 2 Personen:

- 100 g Baby-Blattspinat
- 100 g Cocktailtomaten
- 1/2 Salatgurke
- 150 g fettarmer Joghurt
- 2 EL heller Balsamicoessig
- 3 EL Gemüsebrühe
  - (2 Prisen Instantpulver)
- 2 TL Pesto rosso
- Salz, Pfeffer
- 1 Zwiebel
- 400 g Geflügelhackfleisch
  - (aus Geflügelbrustfilet)
- 2 EL Paniermehl
- 1 Ei
- 1 TL gehackter Rosmarin
- 2 TL Rapsöl

Lauwarmer Spargelsalat mit Garnelen

fertig in: 30 Minuten | davon aktiv: 25 Minuten
glutenfrei
392 kcal | 1642 kJ

Spargel schälen, die holzigen Enden abschneiden und Spargel in Stücke schneiden. Ingwer schälen und hacken. Öl in einer Pfanne auf niedriger bis mittlerer Stufe erhitzen und Spargel mit Ingwer darin ca. 5 Minuten anbraten. Garnelen abspülen, trocken tupfen, zum Spargel geben und weitere ca. 3–4 Minuten braten.

Zitronenhälfte auspressen. Spargelstücke und Garnelen mit 1 TL Zitronensaft verfeinern, mit Salz würzen und leicht abkühlen lassen. Salat waschen, trocken schleudern und in Streifen schneiden. Tomaten waschen und halbieren.

Für das Dressing Buttermilch mit 1 EL Zitronensaft, Kräutern und Zucker verquirlen und mit Salz und Pfeffer abschmecken. Salat und Tomatenhälften auf Tellern verteilen. Spargel-Garnelen-Mischung daraufgeben, mit Dressing beträufeln und Salat lauwarm servieren.

Für 2 Personen:

- 400 g dünner weißer Spargel
- 1 Stück Ingwer (ca. 2 cm)
- 1 TL Rapsöl
- 500 g küchenfertige Garnelen
- 1/2 Zitrone
- Salz, Pfeffer
- 2 Römersalatherzen
- 100 g Cocktailtomaten
- 100 ml Buttermilch
- 1 EL gemischte gehackte Kräuter (z. B. Petersilie, Basilikum, Thymian)
- 1 Prise Zucker

Für den kleinen Hunger

Für den kleinen Hunger

Gemüsesuppe mit Kräuter-Eierstich

fertig in: 65 Minuten | davon aktiv: 20 Minuten
vegetarisch | einfrieren
298 kcal | 1246 kJ

Backofen auf 160° C (Gas: Stufe 1, Umluft: 140° C) vorheizen, dabei eine Fettpfanne mit Wasser mit aufheizen. Für den Eierstich Petersilie waschen und trocken schütteln. Eier mit Milch und Petersilie pürieren und mit Salz und Muskatnuss würzen.

Eine flache ofenfeste Form (Inhalt ca. 500 ml) mit Öl fetten, Eiermasse einfüllen und im Backofen auf mittlerer Schiene im Wasserbad ca. 50–60 Minuten stocken lassen.

Brühe in einem Topf aufkochen, Suppengemüse mit Bohnenkraut dazugeben und ca. 20 Minuten garen. Bohnen ca. 8 Minuten vor Ende der Garzeit zur Suppe geben und mitgaren. Eierstich aus der Form lösen, in Würfel schneiden und zur Suppe geben. Gemüsesuppe mit Salz und Pfeffer abschmecken und servieren.

Für 4 Personen:

- 1 Bund Petersilie
- 6 Eier
- 150 ml entrahmte Milch
- Salz, Pfeffer
- 1 Msp. geriebene Muskatnuss
- 2 TL Rapsöl
- 1,6 Liter Gemüsebrühe
  (2 EL Instantpulver)
- 600 g Suppengemüse (TK)
- 2 TL gehacktes Bohnenkraut
- 600 g grüne Bohnen (TK)

Info

Eine Fettpfanne ist ein Backblech mit hohem Rand, das man mit Wasser befüllen kann. Stellt man ofenfeste Förmchen in das Wasser, kann man darin Eierspeisen schonend stocken lassen.

Blumenkohlsalat mit feurigem Rinderfilet

fertig in: 40 Minuten | davon aktiv: 20 Minuten
347 kcal | 1453 kJ

Chilischote waschen, entkernen und würfeln. Für die Marinade Knoblauch pressen und mit Öl, Chiliwürfeln, Salz und Pfeffer verrühren. Filet trocken tupfen und in Streifen schneiden. Marinade und Filetstreifen in einen Gefrierbeutel geben, gut verkneten und im Kühlschrank ca. 30 Minuten marinieren.

Blumenkohl waschen und in Röschen teilen. Blumenkohlröschen in Salzwasser ca. 8–10 Minuten vorgaren, abgießen und kalt abschrecken. Petersilie waschen, trocken schütteln und grob hacken. Zitronenhälfte auspressen.

Für das Dressing Joghurt mit Chutney und 2 EL Zitronensaft verrühren und mit Salz und Pfeffer abschmecken. Filetstreifen ohne weitere Fettzugabe in einer Pfanne auf mittlerer bis hoher Stufe ca. 2–3 Minuten rundherum anbraten und mit Blumenkohlröschen und Dressing vermischen. Blumenkohlsalat mit Petersilie bestreut servieren.

Für 2 Personen:

- 1 kleine rote Chilischote
- 1 Knoblauchzehe
- 2 TL Rapsöl
- Salz, Pfeffer
- 240 g Rinderfilet
- 750 g Blumenkohl
- 1/2 Bund glatte Petersilie
- 1/2 Zitrone
- 150 g Magermilchjoghurt
- 2 EL Mangochutney

Für den kleinen Hunger

Für den kleinen Hunger

Bifteki mit Zaziki

fertig in: 30 Minuten | davon aktiv: 20 Minuten
402 kcal | 1682 kJ

Dill waschen, trocken schütteln und hacken. Gurke schälen, längs halbieren, Kerne mit einem Löffel entfernen und Gurke raspeln. Für den Zaziki Knoblauch pressen, mit Joghurt, Gurkenraspeln und Dill verrühren und mit Salz und Pfeffer würzen. Zwiebel schälen und fein würfeln. Schafskäse zerbröseln. Chilischote waschen, entkernen, in feine Ringe schneiden und mit Schafskäsebröseln vermischen.

Für das Bifteki Tatar mit Zwiebelwürfeln, Oregano und Tomatenmark verkneten und mit Salz und Pfeffer würzen. Hackmasse halbieren, jeweils mit der Hälfte der Schafskäsemasse füllen und zu ovalen Frikadellen formen.

Öl in einer Pfanne auf mittlerer bis hoher Stufe erhitzen und Bifteki darin ca. 6–7 Minuten von jeder Seite braten. Für den Salat Tomaten waschen, halbieren, in Scheiben schneiden und mit Dressing vermischen. Bifteki mit Zaziki und Tomatensalat servieren.

Für 2 Personen:

- 1/2 Bund Dill
- 1/2 Salatgurke
- 1 Knoblauchzehe
- 200 g Magermilchjoghurt
- Salz, Pfeffer
- 1 Zwiebel
- 40 g Schafskäse, 25 % Fett i. Tr.
- 1 grüne Chilischote
- 300 g Tatar
- 1 TL gehackter Oregano
- 1 EL Tomatenmark
- 1 TL Rapsöl
- 500 g Tomaten
- 2 Becher Weight Watchers Frisches Joghurt Dressing mit Zitronennote (à 75 ml)

Wassermelonensalat mit Schafskäse

fertig in: 15 Minuten | davon aktiv: 15 Minuten
vegetarisch
273 kcal | 1141 kJ

Für das Dressing Minze waschen, trocken schütteln und hacken. 1/2 TL Limettenschale abreiben und Limette auspressen. Apfel-, Limettensaft, Essig, Limettenschale und Minze verrühren und mit Salz und Pfeffer würzen.

Melonenfruchtfleisch würfeln. Rucola waschen und trocken schleudern. Schafskäse zerbröseln. Melonenwürfel mit Rucola, Dressing, Schafs- und Hüttenkäse vermischen. Wassermelonensalat mit Salz und Pfeffer abschmecken und sofort servieren.

Für 2 Personen:

- 5 Stängel Minze
- 1 unbehandelte Limette
- 2 EL Apfelsaft
- 1 EL heller Balsamicoessig
- Salz, Pfeffer
- 500 g **Wassermelonenfruchtfleisch**
- 75 g **Rucola**
- 100 g **Schafskäse**, 25 % Fett i. Tr.
- 100 g **Hüttenkäse**, 20 % Fett i. Tr.

Salat mit scharfem Paprikahähnchen

fertig in: 45 Minuten | davon aktiv: 25 Minuten
glutenfrei | laktosefrei
299 kcal | 1252 kJ

1 Msp. Orangenschale abreiben und Orange auspressen. Hähnchenbrustfilets abspülen, trocken tupfen, mit 1–2 EL Orangensaft, -schale, Cayennepfeffer, Paprikapulver, Tabasco, Honig, Salz und Pfeffer in einen Gefrierbeutel geben, gut verkneten und im Kühlschrank ca. 15 Minuten marinieren.

Für das Dressing restlichen Orangensaft mit 1 TL Öl, Senf, Salz und Pfeffer verrühren. Salate waschen, trocken schleudern und in mundgerechte Stücke zerteilen. Paprika waschen, entkernen und in Streifen schneiden. Hähnchenbrustfilets abtropfen lassen. Restliches Öl in einer Pfanne auf mittlerer Stufe erhitzen und Hähnchenbrustfilets darin ca. 12–13 Minuten von jeder Seite braten. Paprikahähnchen in Tranchen schneiden, auf dem Salat anrichten, mit Dressing beträufeln und servieren.

Für 2 Personen:

- 1 unbehandelte Orange
- 2 Hähnchenbrustfilets (à 120 g)
- 1/2 TL Cayennepfeffer
- 1 TL geräuchertes Paprikapulver
- einige Tropfen Tabasco
- 1 TL Honig
- Salz, Pfeffer
- 2 TL Rapsöl
- 1/2 TL Senf
- 1 kleiner Radicchio
- 1/2 Eisbergsalat
- 1 gelbe Paprika

Für den kleinen Hunger

Für den kleinen Hunger

Caesar's Salad

 fertig in: 30 Minuten | davon aktiv: 30 Minuten
586 kcal | 2452 kJ

Ei in kochendem Wasser ca. 10 Minuten hart kochen, abschrecken und pellen. Hähnchenbrustfilet abspülen, trocken tupfen und in Streifen schneiden.

Öl in einer Pfanne auf mittlerer bis hoher Stufe erhitzen und Hähnchenbruststreifen darin ca. 3–4 Minuten rundherum braten, salzen, pfeffern und herausnehmen. Salat waschen, trocken schleudern und in Streifen schneiden. Tomaten waschen und halbieren.

Ei halbieren und Eigelb herauslösen. Für das Dressing Eigelb mit Parmesanhobeln, Zitronensaft, Kapern, Senf, Worcestersauce und Wasser pürieren und mit Salz und Pfeffer abschmecken. Eiweiß fein würfeln.

Salatstreifen, Tomatenhälften, Eiwürfel, Petersilie und Hähnchenbruststreifen mischen, mit Dressing beträufeln und Caesar's Salad servieren.

Für 1 Person:

- 1 Ei
- 200 g Hähnchenbrustfilet
- 1 TL Rapsöl
- Salz, Pfeffer
- 1 Römersalatherz
- 200 g Cocktailtomaten
- 3 EL Parmesanhobel
- 1–2 TL Zitronensaft
- 2 TL Kapern
- 2 TL Senf
- 1/2 TL Worcestersauce
- 80 ml Wasser
- 1 TL gehackte Petersilie

Rotkohlsalat mit Gänsetranchen

fertig in: 65 Minuten | davon aktiv: 40 Minuten
370 kcal | 1548 kJ

Backofen auf 180° C (Gas: Stufe 2, Umluft: 160° C) vorheizen. Gänsebrust abspülen und trocken tupfen. Mit Salz, Pfeffer und Rosmarin würzen und in eine ofenfeste Form (ca. 20 x 25 cm) legen. Geflügelfond angießen und im Backofen auf mittlerer Schiene ca. 45–50 Minuten garen, dabei regelmäßig mit Fond begießen.

Rotkohl putzen, vierteln, den Strunk entfernen und Rotkohl in feine Streifen schneiden oder hobeln. Rotkohlstreifen mit 1 TL Salz mischen und ca. 10 Minuten gut verkneten. Granatapfel halbieren, Kerne herauslösen und unter die Rotkohlstreifen mischen.

Für das Dressing Birnennektar mit Essig, Öl, Brühe, Pistazien, Nelken und Zimt verquirlen und mit Salz und Pfeffer abschmecken. Dressing unter den Salat mischen.

Gänsebrust aus dem Ofen nehmen und in Folie gewickelt kurz ruhen lassen. Gänsebrust in Tranchen schneiden, mit 2 EL Fond beträufeln und mit Rotkohlsalat servieren.

Für 4 Personen:

- 500 g Gänsebrust, ohne Haut
- Salz, Pfeffer
- 1/2 TL gehackter Rosmarin
- 200 ml Geflügelfond
- 1 Rotkohl (ca. 1 kg)
- 1 Granatapfel
- 75 ml Birnennektar
- 2 EL Weißweinessig
- 2 TL Walnussöl
- 100 ml Gemüsebrühe (1/2 TL Instantpulver)
- 2 EL gehackte Pistazien
- je 1 Msp. gemahlene Nelken und Zimt

Für den kleinen Hunger

Für den kleinen Hunger

Käsebällchensalat mit Rhabarberdressing

 fertig in: 35 Minuten | davon aktiv: 25 Minuten
vegetarisch | glutenfrei
248 kcal | 1040 kJ

Früchtetee mit Wasser aufgießen und ca. 10 Minuten ziehen lassen. Rhabarber abziehen, in Stücke schneiden und in einem Topf mit Apfelsaft und Früchtetee mit Deckel ca. 10 Minuten dünsten.

Für die Käsebällchen Schichtkäse mit Mandeln und Kräutern verrühren, mit Salz und Pfeffer abschmecken und zu 14 kleinen Bällchen formen. Salat waschen, trocken schleudern, in mundgerechte Stücke zerteilen und auf Tellern anrichten.

Für das Dressing Rhabarberstücke samt Sud mit Senf, Honig, Essig und Öl pürieren, mit Salz und Pfeffer abschmecken und abkühlen lassen. Käsebällchen auf dem Salat verteilen, mit Rhabarberdressing beträufeln und servieren.

Für 2 Personen:

- 1 Beutel Früchtetee
- 100 ml kochendes Wasser
- 2 Stangen Rhabarber
- 75 ml Apfelsaft
- 200 g Schichtkäse, 10 % Fett i. Tr.
- 2 EL gehackte Mandeln
- 2 EL gemischte gehackte Kräuter (z. B. Kerbel und Petersilie)
- Salz, Pfeffer
- 1/2 Lollo rosso
- 1 TL süßer Senf
- 1 TL Honig
- 1 EL Himbeeressig
- 2 TL Rapsöl

Info

Rhabarberzeit ist von April bis Juni. Außerhalb der Saison kannst du auch TK-Rhabarber verwenden.

Abwechslungsreiche Hauptmahlzeiten

Schweinefilet mit Kräuterhaube

fertig in: 45 Minuten | davon aktiv: 25 Minuten
489 kcal | 2041 kJ

Backofen auf 120° C (Gas: Stufe 1, Umluft: 100° C) vorheizen. Schweinefilet trocken tupfen. Öl in einer Pfanne auf mittlerer bis hoher Stufe erhitzen und Filet darin ca. 5 Minuten rundherum anbraten. Mit Salz und Pfeffer würzen und in eine Auflaufform (ca. 20 x 25 cm) legen.

Für die Kräuterhaube Paniermehl mit Margarine, Tomatenmark, Salbei, Estragon und Schnittlauch vermischen. Kräutermasse auf dem Filet verteilen und leicht andrücken. Im Backofen auf mittlerer Schiene ca. 30 Minuten garen.

Für den Salat Zuckererbsenschoten waschen, halbieren, in Salzwasser ca. 3–5 Minuten garen, abgießen und abschrecken. Radieschen waschen und vierteln. Saure Sahne mit Essig und Petersilie verrühren und mit Salz und Pfeffer abschmecken. Radieschenviertel und Zuckererbsenschotenhälften mit Dressing vermischen. Schweinefilet in Stücke schneiden und mit Salat servieren.

Für 2 Personen:

- 400 g Schweinefilet
- 2 TL Rapsöl
- Salz, Pfeffer
- 2 EL Paniermehl
- 1 EL Halbfettmargarine
- 1 TL Tomatenmark
- je 1 TL gehackter Salbei und Estragon
- 1 EL Schnittlauchringe
- 350 g Zuckererbsenschoten
- 1 Bund Radieschen
- 4 EL saure Sahne
- 4 EL Weißweinessig
- 3 EL gehackte glatte Petersilie

Hauptmahlzeiten

Hauptmahlzeiten

Putengeschnetzeltes mit Roquefort

 fertig in: 40 Minuten | davon aktiv: 35 Minuten
559 kcal | 2341 kJ

Champignons trocken abreiben und vierteln. Zwiebel schälen und in Streifen schneiden. Putenschnitzel abspülen, trocken tupfen und in Streifen schneiden. Öl in einer Pfanne auf mittlerer bis hoher Stufe erhitzen, Putenstreifen darin ca. 3 Minuten rundherum braten, salzen, pfeffern und herausnehmen.

Bohnen waschen, in Stücke schneiden und in Salzwasser ca. 10 Minuten garen. Champignonviertel und Zwiebelstreifen im Bratensatz auf mittlerer Stufe ca. 5 Minuten anbraten. Champignon-Zwiebel-Mischung mit Mehl bestäuben und kurz anschwitzen. Unter Rühren mit Brühe und Cremefine ablöschen und aufkochen.

Roquefort würfeln, zur Sauce geben und Sauce ca. 5 Minuten köcheln lassen. Putenstreifen unterheben und kurz in der Sauce erwärmen. Mit Rosmarin verfeinern und mit Salz und Pfeffer abschmecken. Bohnen abgießen. Putengeschnetzeltes mit Bohnen servieren.

Für 1 Person:

- 100 g Champignons
- 1 kleine Zwiebel
- 200 g Putenschnitzel
- 1 TL Rapsöl
- Salz, Pfeffer
- 250 g grüne Bohnen
- 1 TL Mehl
- 50 ml Gemüsebrühe (2 Prisen Instantpulver)
- 100 ml Cremefine zum Kochen, 7 % Fett
- 30 g Roquefort
- 1/4 TL gehackter Rosmarin

Omelett mit Lachs-Paprika-Gemüse

fertig in: 25 Minuten | davon aktiv: 25 Minuten
glutenfrei | laktosefrei
555 kcal | 2326 kJ

Paprika waschen, entkernen und würfeln. Lachs abspülen, trocken tupfen und würfeln. 1 TL Öl in einer Pfanne auf mittlerer bis hoher Stufe erhitzen und Paprikawürfel darin ca. 3 Minuten anbraten. Lachswürfel zugeben und weitere ca. 2 Minuten braten.

Eier mit Kräutern, Salz und Pfeffer schaumig aufschlagen. Mineralwasser kurz untermischen. Restliches Öl in einer Pfanne auf mittlerer Stufe erhitzen und Eimasse darin mit Deckel stocken lassen. Lachs-Paprika-Gemüse mit Senf verfeinern, mit Salz und Pfeffer abschmecken und auf einer Omeletthälfte verteilen. Omelett zusammenklappen und servieren.

Für 1 Person:

- je 1 kleine gelbe und grüne Paprika
- 1 Lachsfilet (90 g)
- 2 TL Rapsöl
- 2 Eier
- 1 TL gehackte Petersilie
- 1 TL gehackter Dill
- Salz, Pfeffer
- 3 EL kohlensäurehaltiges Mineralwasser
- 1 TL Senf

Minischnitzel mit Rucolapesto

fertig in: 40 Minuten | davon aktiv: 40 Minuten
407 kcal | 1705 kJ

Rucola und Basilikum waschen, trocken schleudern, mit Brühe, Schmand, Salz und Pfeffer pürieren. Lollo rosso waschen, trocken schleudern und in mundgerechte Stücke zerteilen. Für das Dressing Schafskäse in Würfel schneiden, mit Milch, Essig und Thymian pürieren und mit Salz und Pfeffer abschmecken.

Schnitzel trocken tupfen und jeweils in 4 Stücke schneiden. Öl portionsweise in einer Pfanne auf hoher Stufe erhitzen, Schnitzelstücke darin ca. 3–5 Minuten von jeder Seite braten, salzen, pfeffern und herausnehmen. Tomaten waschen und in Scheiben schneiden. Schnitzelstücke und Tomatenscheiben auf Tellern verteilen und mit Rucolapesto beträufeln. Salat mit Dressing mischen und mit Minischnitzeln servieren.

Für 4 Personen:

- 125 g Rucola
- 1/2 Bund Basilikum
- 75 ml Gemüsebrühe (1/2 TL Instantpulver)
- 2 EL Schmand
- Salz, Pfeffer
- 1 Lollo rosso
- 50 g Schafskäse, 25 % Fett i. Tr.
- 150 ml fettarme Milch
- 2–3 EL heller Balsamicoessig
- 1 TL gehackter Thymian
- 4 Schweineschnitzel (à 200 g)
- 4 TL Olivenöl
- 800 g Tomaten

Hauptmahlzeiten

Ersetze den Lachs durch 100 g Flusskrebse. Sie haben einen feinen, leicht nussigen Geschmack. Der SmartPoints Wert reduziert sich dadurch auf 4.

Hauptmahlzeiten

Rotbarschspieß mit Bohnen-Tomaten-Gemüse

fertig in: 30 Minuten | davon aktiv: 15 Minuten
glutenfrei | laktosefrei
306 kcal | 1282 kJ

Bohnen waschen, in Stücke schneiden und in Salzwasser ca. 12 Minuten vorgaren. Frühlingszwiebeln waschen und in Stücke schneiden. Rotbarschfilet abspülen, trocken tupfen, in Stücke schneiden und mit Salz, Pfeffer, Zitronensaft und Paprikapulver würzen.

Rotbarsch- und Frühlingszwiebelstücke abwechselnd auf 2 lange Holzspieße stecken. Öl in einer Pfanne auf mittlerer bis hoher Stufe erhitzen und die Fischspieße darin ca. 5 Minuten von jeder Seite braten. Fischspieße herausnehmen und im Backofen bei 60° C warm stellen.

Bohnen abgießen. Bratensatz mit Tomaten ablöschen, Bohnen zufügen und kurz miterhitzen. Mit Sambal Oelek, Petersilie, Bohnenkraut und Honig würzen und mit Salz und Pfeffer abschmecken. Rotbarschspieß mit Bohnen-Tomaten-Gemüse servieren.

Für 2 Personen:

- 500 g grüne Bohnen
- Salz, Pfeffer
- 2 Frühlingszwiebeln
- 250 g Rotbarschfilet
- 1 TL Zitronensaft
- 1/2 TL Paprikapulver
- 2 TL Rapsöl
- 200 g stückige Tomaten (Konserve)
- 1 TL Sambal Oelek
- 1 EL gehackte Petersilie
- 1 TL gehacktes Bohnenkraut
- 1 TL Honig

Bauernfrühstück mit Gemüse

fertig in: 25 Minuten | davon aktiv: 20 Minuten
vegetarisch | glutenfrei
402 kcal | 1681 kJ

Zucchini waschen, längs vierteln und in Scheiben schneiden. Paprika waschen, entkernen und in Stücke schneiden. Tomaten fein würfeln. Öl in einer Pfanne auf mittlerer bis hoher Stufe erhitzen und Zucchinischeiben mit Paprikastücken und Tomatenwürfeln darin ca. 3 Minuten braten.

Eier mit Schnittlauch verquirlen und mit Salz und Pfeffer abschmecken. Über das Gemüse geben und Bauernfrühstück mit Deckel ca. 10 Minuten auf niedriger Stufe stocken lassen.

Joghurt mit Kräutern verrühren und mit Salz und Pfeffer abschmecken. Gurke waschen und in Stifte schneiden. Bauernfrühstück nach Wunsch mit Petersilie garnieren und mit Joghurtdip und Gurkenstiften servieren.

Für 2 Personen:

- 1 Zucchini
- 1 gelbe Paprika
- 2 getrocknete Tomaten ohne Öl
- 2 TL Rapsöl
- 5 Eier
- 2 EL Schnittlauchringe
- Salz, Pfeffer
- 150 g fettarmer Joghurt
- 1 EL italienische Kräuter (TK)
- 1/2 Salatgurke

Probiere das Bauernfrühstück doch mal mit 200 g Pfifferlingen anstatt Paprika. Sie haben einen würzigen Geschmack. Hauptsaison ist von Juni bis September. Der SmartPoints Wert verändert sich dadurch nicht.

Hauptmahlzeiten

Rindersteaks mit Auberginenmus

fertig in: 60 Minuten | davon aktiv: 30 Minuten
361 kcal | 1510 kJ

Backofen auf 240° C (Gas: Stufe 5, Umluft: 220° C) vorheizen. Auberginen mehrmals mit einer Gabel einstechen, auf ein Backblech legen und im Backofen auf mittlerer Schiene ca. 40 Minuten backen.

Tomaten waschen, 1 Tomate entkernen und würfeln, restliche Tomaten in Spalten schneiden. Auberginen herausnehmen, längs halbieren und Fruchtfleisch mit einem Löffel herauskratzen. Fruchtfleisch pürieren, mit Frischkäse, Tomatenwürfeln, Kräutern und Zitronensaft verrühren und mit Salz und Pfeffer abschmecken.

Steaks trocken tupfen. Öl in einer Pfanne auf hoher Stufe erhitzen und Steaks darin ca. 5–8 Minuten von jeder Seite braten, salzen und pfeffern. Tomatenspalten mit Balsamicocreme beträufeln, mit Basilikum bestreuen und mit Salz und Pfeffer würzen. Rindersteaks nach Wunsch mit rosa Pfefferbeeren garnieren und mit Auberginenmus und Tomatenspalten servieren.

Für 2 Personen:

- 2 große Auberginen (ca. 500 g)
- 5 Tomaten
- 2 EL Frischkäse, bis 1 % Fett absolut
- je 1/4 TL gehackter Rosmarin und Thymian
- 1 EL gehackte glatte Petersilie
- 1 TL Zitronensaft
- Salz, Pfeffer
- 2 Rindersteaks (à 200 g)
- 1 TL Rapsöl
- 1 TL Balsamicocreme
- 2 EL gehacktes Basilikum

Schweinemedaillons mit Ziegenfrischkäse

fertig in: 20 Minuten | davon aktiv: 15 Minuten
417 kcal | 1744 kJ

Rucola waschen, trocken schleudern und in mundgerechte Stücke zerteilen. Tomaten waschen und halbieren. Für das Dressing Essig mit Brühe und Senf vermischen und mit Salz und Pfeffer würzen. Tomatenhälften und Rucola vermengen und Dressing unterheben.

Schweinemedaillons trocken tupfen und mit Salz und Pfeffer würzen. Öl in einer Pfanne auf hoher Stufe erhitzen, Medaillons darin ca. 2–3 Minuten von jeder Seite braten und herausnehmen. Käsetaler mit den Medaillons anrichten und zusammen mit Rucola-Tomaten-Salat servieren.

Für 2 Personen:

- 100 g Rucola
- je 250 g rote und gelbe Cocktailtomaten
- 2 EL dunkler Balsamicoessig
- 4 EL Gemüsebrühe (2 Prisen Instantpulver)
- 1 TL Dijonsenf
- Salz, Pfeffer
- 6 Schweinefiletmedaillons (à 60 g)
- 2 TL Rapsöl
- 4 Ziegenfrischkäsetaler (à 20 g), 45 % Fett i. Tr.

Hauptmahlzeiten

Hauptmahlzeiten

Kräuterpangasius mit Ofentomaten

 fertig in: 35 Minuten | davon aktiv: 15 Minuten
234 kcal | 978 kJ

Backofen auf 200° C (Gas: Stufe 3, Umluft: 180° C) vorheizen. Tomaten waschen, in Stücke schneiden und in eine Auflaufform (ca. 20 x 30 cm) geben. Mit Salz und Pfeffer würzen.

Pangasiusfilets abspülen, trocken tupfen und auf die Tomaten legen. Zwiebel schälen und würfeln. Crème légère mit Zwiebelwürfeln und Kräutern verrühren, salzen, pfeffern und Creme auf die Pangasiusfilets streichen.

Kräuterpangasius im Backofen auf mittlerer Schiene ca. 20 Minuten backen und mit Ofentomaten servieren.

Für 4 Personen:

- **1 kg Fleischtomaten**
- **Salz, Pfeffer**
- **4 Pangasiusfilets (à 125 g)**
- **1 Zwiebel**
- **200 g Crème légère**
- **1 EL gehackte gemischte Kräuter**

Mediterraner Putenbraten

fertig in: 2 Stunden | davon aktiv: 40 Minuten
430 kcal | 1800 kJ

Schalotten schälen und vierteln, Knoblauch pressen. Zucchini und Auberginen waschen und in Stücke schneiden. Putenbrustfilet abspülen, trocken tupfen und mit Salz, Pfeffer und Paprikapulver würzen. Backofen auf 120° C (Gas: Stufe 1, Umluft: 100° C) vorheizen.

Öl in einem Bräter auf hoher Stufe erhitzen, Putenbrust darin ca. 5 Minuten rundherum anbraten und herausnehmen. Schalottenviertel mit Knoblauch, Zucchini- und Auberginenstücken im Bratensatz ca. 5 Minuten anbraten. Mit Tomaten und Brühe ablöschen, mit Salz, Pfeffer und Kräutern würzen und aufkochen. Putenbrust zugeben und im Backofen im unteren Drittel ca. 90 Minuten garen.

Salat waschen, trocken schleudern und in mundgerechte Stücke zerteilen. Für das Dressing Joghurt mit Senf, Essig und Konfitüre verquirlen und mit Salz und Pfeffer abschmecken. Salat mit Dressing beträufeln und mit Putenbraten und Gemüsesauce servieren. Nach Wunsch mit frischen Kräutern garnieren.

Für 4 Personen:

- 6 Schalotten
- 1 Knoblauchzehe
- 3 Zucchini
- 2 Auberginen
- 1 kg Putenbrustfilet
- Salz, Pfeffer
- 2 TL Paprikapulver
- 1 EL Rapsöl
- 500 g passierte Tomaten (Konserve)
- 125 ml Gemüsebrühe (1/2 TL Instantpulver)
- je 1 EL gehackter Rosmarin und Thymian
- 1 Kopfsalat
- 125 g Magermilchjoghurt
- 2 TL Senf
- 2 EL Himbeeressig
- 1 TL Himbeerkonfitüre

Hauptmahlzeiten

Hauptmahlzeiten

Bunte Gemüsefrittata

 fertig in: 35 Minuten | davon aktiv: 20 Minuten
230 kcal | 964 kJ

Paprika waschen, entkernen und in Würfel schneiden. Zwiebel schälen und würfeln. Schinken in Streifen schneiden. Eier mit Frischkäse und Schnittlauch verquirlen und mit Salz und Pfeffer würzen.

Öl in einer Pfanne auf mittlerer Stufe erhitzen, Zwiebelwürfel und Schinkenstreifen darin ca. 2–3 Minuten braten. Erbsen und Paprikawürfel zugeben und ca. 5 Minuten mitdünsten. Ei-Frischkäse-Masse zugeben und mit Deckel ca. 10–15 Minuten stocken lassen. Gemüsefrittata in Stücke schneiden und servieren.

Für 4 Stücke:

- 2 rote Paprika
- 1 Zwiebel
- 8 Scheiben roher Schinken
- 4 Eier
- 100 g Frischkäse, bis 1 % Fett absolut
- 1 EL Schnittlauchringe
- Salz, Pfeffer
- 1 TL Rapsöl
- 100 g Erbsen (TK)

Rinderhüftsteak mit Avocado

 fertig in: 30 Minuten | davon aktiv: 20 Minuten
glutenfrei | laktosefrei
486 kcal | 2035 kJ

Avocado halbieren, Stein entfernen, Fruchtfleisch aus der Schale lösen und in mundgerechte Stücke schneiden. Tomaten waschen und halbieren. Schalotte schälen und in feine Ringe schneiden. Orange auspressen.

Rinderhüftsteak trocken tupfen, in Streifen schneiden und mit Salz und Pfeffer würzen. Öl in einer Pfanne auf hoher Stufe erhitzen, Steakstreifen darin ca. 4–5 Minuten rundherum braten und herausnehmen. Knoblauch pressen und mit Schalottenringen und Tomatenhälften im Bratensatz auf mittlerer Stufe ca. 2 Minuten braten.

Mit Salz, Pfeffer und Currypulver würzen, mit Orangensaft ablöschen und ca. 4–5 Minuten köcheln lassen. Avocadostücke und Fleisch zufügen und kurz erwärmen. Rinderhüftsteak mit Avocado servieren.

Für 2 Personen:

- 1 Avocado (ca. 150 g)
- 400 g Cocktailtomaten
- 1 Schalotte
- 1 Orange
- 400 g Rinderhüftsteak
- Salz, Pfeffer
- 1 TL Rapsöl
- 1 Knoblauchzehe
- 1/4 TL Currypulver

Hauptmahlzeiten

Hauptmahlzeiten

Heilbuttfilet mit Steckrübenstampf und Sauerkraut

fertig in: 40 Minuten | davon aktiv: 20 Minuten
glutenfrei
354 kcal | 1484 kJ

Steckrübe schälen, in Würfel schneiden und in Salzwasser ca. 15 Minuten garen. Sauerkraut in einem Topf mit Apfelsaft und Paprikapulver ca. 15 Minuten dünsten. Zwiebel schälen und in Ringe schneiden. Heilbuttfilets abspülen, trocken tupfen, salzen, pfeffern und mit je 1 Scheibe Schinken umwickeln.

Zwiebelringe in einer Pfanne in Wasser ca. 5 Minuten braten und herausnehmen. Öl im Bratensatz auf mittlerer bis hoher Stufe erhitzen und Heilbuttfilets darin ca. 3 Minuten von jeder Seite braten.

Milch in einem Topf erwärmen. Steckrübenwürfel abgießen und mit Milch zerstampfen. Mit Salz, Pfeffer und Muskatnuss würzen. Sauerkraut mit Schmand verfeinern und mit Salz und Pfeffer abschmecken. Steckrübenstampf auf Tellern anrichten, gebratene Zwiebelringe darübergeben und mit Heilbuttfilets und Sauerkraut servieren.

Für 2 Personen:

1 kleine Steckrübe (ca. 600 g)
Salz, Pfeffer
1 Dose Sauerkraut (380 g Abtropfgewicht)
2 EL Apfelsaft
1/2 TL Paprikapulver
1 Zwiebel
2 weiße Heilbuttfilets (à 125 g)
2 Scheiben roher Schinken
2 EL Wasser
1 TL Rapsöl
75 ml fettarme Milch
1 Prise geriebene Muskatnuss
1 EL Schmand

Blumenkohlpfanne mit Hähnchen

 fertig in: 40 Minuten | davon aktiv: 40 Minuten
297 kcal | 1244 kJ

Hähnchenbrustfilet abspülen, trocken tupfen und in Streifen schneiden. Blumenkohl waschen und in sehr kleine Röschen teilen. Zwiebel schälen und würfeln. Schnittlauch waschen, trocken schütteln und in Ringe schneiden. Für die Gremolata Petersilie waschen, trocken schütteln und fein hacken. 1/2 TL Zitronenschale abreiben, mit Petersilie und 1 EL Brühe vermischen und mit Salz und Pfeffer würzen.

Öl in einer Pfanne auf mittlerer bis hoher Stufe erhitzen und Hähnchenbruststreifen darin ca. 5 Minuten rundherum braten. Mit Salz und Pfeffer würzen und herausnehmen. Zwiebelwürfel im Bratensatz ca. 2 Minuten anschwitzen. Blumenkohlröschen zugeben, ca. 2 Minuten braten, mit restlicher Brühe ablöschen und mit Deckel ca. 5 Minuten garen.

Stärke mit Milch glatt rühren, zum Blumenkohl geben, aufkochen und kurz kochen lassen. Hähnchenbruststreifen sowie Schnittlauch unterheben und mit Schmand verfeinern. Blumenkohlpfanne mit Salz, Pfeffer und Muskatnuss abschmecken, mit Gremolata bestreuen und servieren.

Für 4 Personen:

- 400 g Hähnchenbrustfilet
- 1 Blumenkohl (ca. 1,2 kg)
- 1 Zwiebel
- 1 Bund Schnittlauch
- 1 Bund glatte Petersilie
- 1 unbehandelte Zitrone
- 350 ml Gemüsebrühe (2 TL Instantpulver)
- Salz, Pfeffer
- 2 TL Rapsöl
- 1 EL Speisestärke
- 200 ml fettarme Milch
- 100 g Schmand
- 1 Prise geriebene Muskatnuss

Info

Gremolata ist eine Kräutermischung, vergleichbar mit einem Pesto. Sie besteht in ihrer klassischen Form aus Petersilie, Zitronenschale und Knoblauch.

Hauptmahlzeiten

Hauptmahlzeiten

Eier in Gemüse-Curry-Ragout

fertig in: 60 Minuten | davon aktiv: 40 Minuten
vegetarisch
442 kcal | 1849 kJ

Eier in kochendem Wasser ca. 10 Minuten hart kochen, abschrecken, pellen und halbieren. Blumenkohl und Broccoli waschen und in Röschen teilen. Karotten schälen und in Scheiben schneiden. Zitronenhälfte auspressen.

Blumenkohl- und Broccoliröschen mit Karottenscheiben in 750 ml Brühe ca. 8–10 Minuten garen. Öl in einem Topf auf mittlerer Stufe erhitzen und Mehl mit Currypulver darin anschwitzen. Cremefine mit restlicher Brühe mischen, Mehlschwitze damit unter Rühren ablöschen, aufkochen und ca. 5 Minuten köcheln lassen.

Sauce mit Schmand und 1 TL Zitronensaft verfeinern. Gemüse abgießen, mit Eihälften unter die Sauce heben und ca. 5 Minuten ziehen lassen. Gemüse-Curry-Ragout mit Salz und Pfeffer abschmecken, mit Petersilie bestreuen und servieren.

Für 4 Personen:

- 8 Eier
- 500 g Blumenkohl
- 500 g Broccoli
- 4 Karotten
- 1/2 Zitrone
- 1 Liter Gemüsebrühe
  (1 EL Instantpulver)
- 4 TL Rapsöl
- 1 EL Mehl
- 2 TL Currypulver
- 250 ml Cremefine zum Kochen, 7 % Fett
- 4 EL Schmand
- Salz, Pfeffer
- 2 EL gehackte Petersilie

Schweinefilet auf Chutneysalat

 fertig in: 40 Minuten | davon aktiv: 25 Minuten
469 kcal | 1963 kJ

Für das Chutney Frühlingszwiebeln waschen und in feine Ringe schneiden. Orange schälen, filetieren und würfeln. Paprika und Chilischote waschen, beides entkernen und Chili in Ringe, Paprika in Würfel schneiden. Mozzarella trocken tupfen und in feine Würfel schneiden.

Mango schälen, das Fruchtfleisch vom Stein schneiden und würfeln. Mango-, Paprika- und Orangenwürfel vermengen und Petersilie, Chili- und Frühlingszwiebelringe zufügen. Mit Salz und Pfeffer würzen und in einem Topf auf mittlerer Stufe ca. 15 Minuten einkochen.

Backofen auf 200° C (Gas: Stufe 3, Umluft: 180° C) vorheizen. Schweinefilet trocken tupfen, in 4 ca. 6 cm dicke Stücke schneiden und mit Salz und Pfeffer würzen. Öl in einer Pfanne auf hoher Stufe erhitzen, Filetstücke darin ca. 5 Minuten rundherum scharf anbraten, herausnehmen, in eine Auflaufform (ca. 16 x 20 cm) geben, 3 EL Chutney daraufgeben und im Backofen auf mittlerer Schiene ca. 15 Minuten fertig garen.

Feldsalat waschen, trocken schleudern und mit Mozzarellawürfeln, restlichem abgekühltem Chutney und Essig vermengen. Mit Salz und Pfeffer würzen. Jeweils 2 Schweinefiletstücke auf Chutneysalat anrichten und servieren.

Für 2 Personen:

- 1/2 Bund Frühlingszwiebeln
- 1 Orange
- 1 rote Paprika
- 1 grüne Chilischote
- 1 Kugel fettreduzierter Mozzarella
- 1 reife Mango
- 2 TL gehackte Petersilie
- Salz, Pfeffer
- 360 g Schweinefilet
- 1 TL Rapsöl
- 100 g Feldsalat
- 1 EL heller Balsamicoessig

Hauptmahlzeiten

Jakobsmuscheln mit Spitzkohl

 fertig in: 30 Minuten | davon aktiv: 10 Minuten
307 kcal | 1284 kJ

Spitzkohl putzen, vierteln, den Strunk entfernen und Spitzkohl in Streifen schneiden. 1 TL Öl in einem Topf auf mittlerer Stufe erhitzen und Spitzkohlstreifen darin ca. 3–5 Minuten anbraten. Chilischote waschen, entkernen und in Streifen schneiden. Limettenschale abreiben und Limette auspressen.

Spitzkohl mit Chili und Limettenschale würzen, mit Brühe ablöschen und mit Deckel ca. 15 Minuten dünsten. Mit Honig und Balsamicoessig verfeinern, salzen und pfeffern.

Cashewnüsse in einer Pfanne auf mittlerer Stufe fettfrei rösten und herausnehmen. Jakobsmuscheln abspülen und trocken tupfen. Restliches Öl in einer Pfanne auf hoher Stufe erhitzen und Jakobsmuscheln darin ca. 1 Minute von jeder Seite braten. Mit Limettensaft ablöschen und mit Salz und Pfeffer würzen. Jakobsmuscheln mit Spitzkohl anrichten, mit Cashewnüssen bestreuen und servieren.

Für 2 Personen:

- 1 Spitzkohl (ca. 900 g)
- 2 TL Rapsöl
- 1 kleine rote Chilischote
- 1 unbehandelte Limette
- 125 ml Gemüsebrühe (1/2 TL Instantpulver)
- 1 TL Honig
- 1–2 TL heller Balsamicoessig
- Salz, grob gemahlener Pfeffer
- 10 gehackte Cashewnüsse
- 200 g küchenfertige Jakobsmuscheln

Puten-Cordon bleu mit Tomatensalat

 fertig in: 55 Minuten | davon aktiv: 40 Minuten
403 kcal | 1688 kJ

Für das Dressing Joghurt mit Essig und Petersilie verquirlen und mit Salz und Pfeffer abschmecken. Tomaten waschen und in Scheiben schneiden. Zwiebel schälen und in Streifen schneiden. Tomatenscheiben mit Zwiebelstreifen und Dressing mischen.

Putenschnitzel abspülen, trocken tupfen und flacher klopfen. Schinken halbieren und Käse in Scheiben schneiden. Schnitzel jeweils mit Schinken und Käse belegen, zusammenklappen und mit Spießen fixieren.

Für die Panade Ei in einem tiefen Teller verquirlen und Mehl und Paniermehl jeweils auf einem weiteren Teller verteilen. Schnitzeltaschen erst in Mehl, dann in Ei und zum Schluss in Paniermehl wenden.

Öl in einer Pfanne auf mittlerer Stufe erhitzen und Cordons bleus darin auf niedriger Stufe ca. 15 Minuten von jeder Seite braten. Puten-Cordon bleu mit Tomatensalat und nach Wunsch mit Petersilie garniert servieren.

Für 4 Personen:

- 2 EL Magermilchjoghurt
- 2 EL Himbeeressig
- 1 EL gehackte Petersilie
- Salz, Pfeffer
- 800 g Tomaten
- 1 Zwiebel
- 4 Putenschnitzel (à 150 g)
- 2 Scheiben gekochter Schinken
- 80 g Edamer, 30 % Fett i. Tr.
- 1 Ei
- 1 EL Mehl
- 4 EL Paniermehl
- 2 EL Rapsöl

Ersetze den Käse durch 4 Scheiben Weight Watchers Junger Gouda. Die SmartPoints ändern sich nicht.

Hauptmahlzeiten

Hauptmahlzeiten

Rinderfilet mit mediterranem Gemüse

fertig in: 30 Minuten | davon aktiv: 25 Minuten
422 kcal | 1765 kJ

Schalotten schälen und in Spalten schneiden. Paprika waschen, entkernen und würfeln. Zucchini waschen, längs halbieren und in Scheiben schneiden. Rosmarin, Thymian und Oregano waschen, trocken schütteln und hacken. Tomaten waschen und halbieren. Rinderfilets trocken tupfen.

2 TL Öl in einer Pfanne auf hoher Stufe erhitzen, Rinderfilets darin ca. 4–5 Minuten von jeder Seite braten, salzen, pfeffern, herausnehmen und in Alufolie gewickelt ca. 10 Minuten ruhen lassen.

Restliches Öl in einer Pfanne auf mittlerer Stufe erhitzen, Paprikawürfel, Schalottenspalten und Zucchinischeiben darin ca. 6–7 Minuten anbraten, mit Brühe ablöschen, Kräuter dazugeben und ca. 3–4 Minuten köcheln lassen. Tomatenhälften unterheben, kurz erwärmen, mit Salz und Pfeffer abschmecken und Rinderfilet mit mediterranem Gemüse servieren.

Für 2 Personen:

- 3 Schalotten
- je 1 rote und gelbe Paprika
- 1 Zucchini
- 1 Zweig Rosmarin
- 2 Zweige Thymian
- 2 Stängel Oregano
- 200 g Cocktailtomaten
- 2 Rinderfilets (à 200 g)
- 3 TL Rapsöl
- Salz, Pfeffer
- 100 ml Gemüsebrühe (1/2 TL Instantpulver)

Fruchtiger Quark mit Papaya

fertig in: 10 Minuten | davon aktiv: 10 Minuten
vegetarisch | glutenfrei
332 kcal | 1390 kJ

Papaya schälen, halbieren, Kerne mit einem Löffel entfernen und Papaya in Würfel schneiden. Quark mit Mineralwasser und Konfitüre glatt rühren. Papayawürfel unter den Quark mischen.

Haselnüsse fettfrei in einer Pfanne rösten. Quark mit Haselnüssen bestreuen und sofort servieren.

Für 2 Personen:

- 1 Papaya
- 600 g Magerquark
- 75 ml kohlensäurehaltiges Mineralwasser
- 3 TL kalorienreduzierte Aprikosenkonfitüre
- 1 EL gehackte Haselnüsse

Rindersteak mit süßsaurem Spinat

fertig in: 30 Minuten | davon aktiv: 25 Minuten
glutenfrei | laktosefrei
427 kcal | 1786 kJ

Spinat auftauen lassen. Backofen auf 180° C (Gas: Stufe 2, Umluft: 160° C) vorheizen. Rindersteak trocken tupfen. 1 TL Öl in einer Pfanne auf hoher Stufe erhitzen und Steak darin ca. 3–5 Minuten von jeder Seite braten. Mit Salz und Pfeffer würzen, in eine ofenfeste Form legen und im Backofen auf mittlerer Schiene ca. 10 Minuten fertig garen.

Zwiebel schälen und in Streifen schneiden. Restliches Öl im Bratensatz auf mittlerer Stufe erhitzen und Zwiebelstreifen darin glasig andünsten. Spinat zugeben und ca. 5 Minuten dünsten.

1 Prise Zitronenschale abreiben und Zitronenhälfte auspressen. Spinat mit Zitronenschale, 1 TL Zitronensaft, Honig und Muskatnuss würzen und mit Salz und Pfeffer abschmecken. Cashewnüsse hacken und unter den Spinat mischen. Steak mit Spinat servieren.

Für 1 Person:

- 250 g Blattspinat (TK)
- 1 Rindersteak (200 g)
- 2 TL Rapsöl
- Salz, Pfeffer
- 1 rote Zwiebel
- 1/2 unbehandelte Zitrone
- 1 TL Honig
- 1 Prise geriebene Muskatnuss
- 5 Cashewnüsse

Hauptmahlzeiten

Hauptmahlzeiten

Schnelles Tomaten-Käse-Rührei

fertig in: 15 Minuten | davon aktiv: 10 Minuten
glutenfrei
235 kcal | 982 kJ

Tomaten waschen. 2 Tomaten in kleine Würfel und restliche Tomaten in Stücke schneiden. Eier verquirlen und mit Kräutersalz würzen. Gouda in kleine Würfel schneiden, mit 2 EL Petersilie und kleinen Tomatenwürfeln unter die Eimasse rühren.

Öl in einer Pfanne auf niedriger Stufe erhitzen und Eimasse darin unter Rühren ca. 5 Minuten stocken lassen. Tomaten-Käse-Rührei mit Tomatenstücken und restlicher Petersilie bestreut servieren.

Für 4 Personen:

- 4 Tomaten
- 6 Eier
- Kräutersalz
- 80 g Gouda, 30 % Fett i. Tr.
- 3 EL gehackte Petersilie
- 2 TL Rapsöl

Putenschnitzel mit Kohlrabipommes

fertig in: 45 Minuten | davon aktiv: 45 Minuten
422 kcal | 1766 kJ

Backofen auf 220° C (Gas: Stufe 4, Umluft: 200° C) vorheizen. Kohlrabi schälen, in Stifte schneiden und mit 2 TL Öl, Salz, Pfeffer und 1 TL Paprikapulver vermischen. Auf einem mit Backpapier ausgelegten Backblech verteilen und im Backofen auf mittlerer Schiene ca. 18–20 Minuten backen.

Für den Dip Tomaten waschen und würfeln. Tomatenwürfel in einem Topf auf mittlerer Stufe mit Tomatenmark, Brühe, Apfelsaft, Essig und Senf ca. 15 Minuten einkochen lassen, pürieren und mit Salz und Pfeffer abschmecken.

Putenschnitzel abspülen, trocken tupfen, restliches Öl in einer Pfanne auf hoher Stufe erhitzen und Putenschnitzel darin ca. 8–10 Minuten von jeder Seite braten. Mit Salz, Pfeffer und 1/2 TL Paprikapulver würzen.

Putenschnitzel mit Kohlrabipommes, Tomatendip und Krautsalat servieren. Nach Wunsch mit rosa Pfefferbeeren und Petersilie garnieren.

Für 4 Personen:

- 1 kg Kohlrabi
- 4 TL Rapsöl
- Salz, Pfeffer
- Paprikapulver
- 4 Tomaten
- 1 EL Tomatenmark
- 50 ml Gemüsebrühe (2 Prisen Instantpulver)
- 2 EL Apfelsaft
- 1 TL heller Balsamicoessig
- 1 TL Senf
- 4 Putenschnitzel (à 200 g)
- 320 g Krautsalat ohne Sahne

Hauptmahlzeiten

Tortilla mit Zucchini und Tomaten

fertig in: 30 Minuten | davon aktiv: 15 Minuten
vegetarisch | glutenfrei | laktosefrei
109 kcal | 456 kJ

Zucchini waschen und grob raspeln. Zwiebel schälen und in Würfel schneiden. Öl in einer Pfanne auf mittlerer Stufe erhitzen, Zucchiniraspel mit Zwiebelwürfeln darin ca. 1–2 Minuten braten und mit Salz und Pfeffer würzen.

Eier verquirlen und zur Zucchinimasse gießen. Bei mittlerer Hitze ca. 8 Minuten stocken lassen. Tortilla auf einen Teller gleiten lassen, Pfanne darüberstülpen, zusammen wenden und weitere ca. 5 Minuten braten. Tortilla in 6 Stücke schneiden.

Tomaten waschen und vierteln. Petersilie waschen und trocken schütteln. Tortilla mit Tomatenvierteln und Petersilie garniert servieren.

Für 6 Stücke:

- 400 g Zucchini
- 1 Zwiebel
- 2 TL Rapsöl
- Salz, Pfeffer
- 5 Eier
- 6 Cocktailtomaten
- einige Blätter Petersilie

Tintenfischringe mit Aioli

 fertig in: 45 Minuten | davon aktiv: 15 Minuten
292 kcal | 1222 kJ

Zitronenschale abreiben und Zitronenhälfte auspressen. Zitronensaft mit 1/4 TL Zitronenschale, Tabasco, Salz, Öl und Thymian verrühren. Tintenfischringe abspülen, trocken tupfen, mit Marinade in einen Gefrierbeutel geben, vorsichtig vermengen und im Kühlschrank ca. 30 Minuten ziehen lassen.

Tomaten fein würfeln und in heißer Brühe ca. 10 Minuten einweichen. Salat waschen, trocken schleudern und in mundgerechte Stücke zerteilen. Für das Dressing Tomatenwürfel samt Sud, Essig, Senf und Oregano verrühren. Mit Salz, Pfeffer und Zucker abschmecken.

Eine Pfanne auf mittlerer Stufe erhitzen, Tintenfischringe abtropfen lassen und darin ohne weitere Fettzugabe portionsweise ca. 2 Minuten rundherum braten. Für die Aioli Knoblauch pressen, mit Salatcreme und Joghurt verrühren und mit Salz und Pfeffer abschmecken. Salat mit Dressing beträufeln. Tintenfischringe mit Aioli und Salat servieren.

Für 2 Personen:

- 1/2 unbehandelte Zitrone
- 1/2 TL Tabasco
- Salz, Pfeffer
- 2 TL Rapsöl
- 1/2 TL gehackter Thymian
- 300 g küchenfertige Tintenfischringe
- 2 getrocknete Tomaten ohne Öl
- 100 ml Gemüsebrühe (1/2 TL Instantpulver)
- 1 Eisbergsalat
- 2 EL heller Balsamicoessig
- 1 TL Senf
- 1 TL gehackter Oregano
- 1 Prise Zucker
- 1 Knoblauchzehe
- 1 EL Salatcreme, 23 % Fett
- 125 g Magermilchjoghurt

Hauptmahlzeiten

Hauptmahlzeiten

Zwiebelsteaks mit Tomatensalat

fertig in: 45 Minuten | davon aktiv: 45 Minuten
300 kcal | 1257 kJ

Für den Salat Tomaten waschen und in Spalten, Gewürzgurken in Scheiben schneiden. Zwiebeln schälen, 1 Zwiebel in Würfel und restliche Zwiebeln in Ringe schneiden. Für das Dressing 50 ml Brühe mit 2 TL Senf, Gurkensud, Essig und Petersilie verquirlen und mit Salz und Pfeffer kräftig würzen. Tomatenspalten, Gurkenscheiben und Zwiebelwürfel mit Dressing vermischen.

Rinderhüftsteaks trocken tupfen. Öl in einer Pfanne auf hoher Stufe erhitzen und Steaks darin ca. 3–5 Minuten von jeder Seite braten. Mit Salz und Pfeffer würzen, herausnehmen und in Alufolie gewickelt ca. 10 Minuten ruhen lassen.

Zwiebelringe im Bratensatz ca. 3 Minuten anbraten. Mit restlicher Brühe ablöschen, restlichen Senf einrühren und mit Deckel weitere ca. 5 Minuten schmoren. Saucenbinder einrühren und aufkochen. Zwiebelsauce mit Salz, Pfeffer und Paprikapulver würzen und mit Steaks und Tomatensalat servieren.

Für 4 Personen:

- 800 g Tomaten
- 4 Gewürzgurken
- 5 Zwiebeln
- 350 ml Gemüsebrühe (1 TL Instantpulver)
- 4 TL Senf
- 2 EL Gurkensud
- 2 EL Weißweinessig
- 1 EL gehackte Petersilie
- Salz, Pfeffer
- 4 Rinderhüftsteaks (à 180 g)
- 2 TL Rapsöl
- 1 TL dunkler Saucenbinder
- 1/2 TL Paprikapulver

Ofenfilet Toskana

fertig in: 65 Minuten | davon aktiv: 20 Minuten
373 kcal | 1560 kJ

Backofen auf 200° C (Gas: Stufe 3, Umluft: 180° C) vorheizen. Parmaschinken längs halbieren. Schweinefiletmedaillons trocken tupfen, mit Parmaschinkenhälften umwickeln und in eine Auflaufform (ca. 23 x 23 cm) legen.

Tomaten waschen und in kleine Würfel schneiden. Knoblauch pressen. Cremefine, Tomatenwürfel, Knoblauch und Tomatenmark in einem Topf auf mittlerer Stufe unter Rühren aufkochen. Mit Salz, Pfeffer, Oregano und Majoran würzen. Sauce über die Schweinefiletmedaillons geben und mit Parmesan bestreuen. Im Backofen auf mittlerer Schiene ca. 40–45 Minuten garen.

Grüne Bohnen waschen, in Salzwasser ca. 20 Minuten garen und abgießen. Ofenfilet mit grünen Bohnen servieren.

Für 4 Personen:

- 4 Scheiben Parmaschinken
- 8 Schweinefiletmedaillons (à 80 g)
- 400 g Tomaten
- 1 Knoblauchzehe
- 250 ml Cremefine zum Kochen, 7 % Fett
- 3 EL Tomatenmark
- Salz, Pfeffer
- 2 TL gehackter Oregano
- 1 TL gehackter Majoran
- 2 EL geriebener Parmesan
- 600 g grüne Bohnen (ersatzweise TK)

Hauptmahlzeiten

Hauptmahlzeiten

Wildschweinmedaillons mit Gemüseröllchen

 11 SmartPoints Wert

fertig in: 40 Minuten | davon aktiv: 20 Minuten
527 kcal | 2206 kJ

Backofen auf 200° C (Gas: Stufe 3, Umluft: 180° C) vorheizen. Zucchini und Tomaten waschen. Zucchini der Länge nach in sehr dünne Scheiben schneiden. Mozzarella trocken tupfen und mit Tomaten in Würfel schneiden. Zucchinischeiben mit Salz, Pfeffer und 1 TL Kräutern würzen, mit Tomaten- und Mozzarellawürfeln belegen und aufrollen. Mit je 1 Holzspieß fixieren. Gemüseröllchen auf ein mit Backpapier ausgelegtes Backblech legen und im Backofen auf mittlerer Schiene ca. 10–12 Minuten garen.

Wildschweinmedaillons trocken tupfen und mit Salz und Pfeffer würzen. Öl in einer Pfanne auf hoher Stufe erhitzen und Medaillons darin ca. 5–8 Minuten von allen Seiten braten. Herausnehmen, in Alufolie wickeln und ca. 10 Minuten ruhen lassen.

Zwiebel schälen, in Würfel schneiden und im Bratensatz auf mittlerer Stufe anbraten. Mit Brühe ablöschen, Pesto und Crème légère einrühren und ca. 2 Minuten köcheln lassen. Mit Salz, Pfeffer und restlichen Kräutern abschmecken. Wildschweinmedaillons, Gemüseröllchen und Pestosauce mit Basilikum garniert servieren.

Für 2 Personen:
- 2 Zucchini
- 4 Tomaten
- 1 Kugel fettreduzierter Mozzarella
- Salz, Pfeffer
- 2 TL gehackte italienische Kräuter
- 360 g Wildschweinmedaillons
- 2 TL Rapsöl
- 1 Zwiebel
- 150 ml Gemüsebrühe (1/2 TL Instantpulver)
- 2 EL Pesto rosso
- 3 EL Crème légère
- 2 TL gehacktes Basilikum

Kräuterforelle aus dem Ofen

fertig in: 45 Minuten | davon aktiv: 15 Minuten
glutenfrei | laktosefrei
470 kcal | 1967 kJ

Backofen mit Grillfunktion auf 240° C (Gas: Stufe 5, Umluft: 220° C) vorheizen. 1 Zitrone auspressen, die andere in Scheiben schneiden. Kräuter waschen und trocken schütteln.

Forellen abspülen, trocken tupfen und auf jeder Seite einige Male ca. 5 mm tief einschneiden. Mit Salz und Pfeffer würzen und mit Zitronensaft beträufeln. Forellen mit Zitronenscheiben und Kräutern füllen. Paprika waschen, entkernen und in grobe Stücke schneiden.

Paprikastücke in eine Auflaufform (ca. 20 x 30 cm) geben und mit Öl, Grillgewürz und Thymian vermischen. Forellen darauflegen und im Backofen auf mittlerer Schiene ca. 25–30 Minuten grillen und dabei einmal wenden. Kräuterforelle mit Paprikastücken servieren.

Für 2 Personen:

- 2 unbehandelte Zitronen
- einige Stängel gemischte Kräuter (z. B. Majoran, Petersilie und Thymian)
- 2 küchenfertige Forellen (à 200 g)
- Salz, Pfeffer
- je 2 rote und gelbe Paprika
- 2 TL Olivenöl
- 1 EL Grillgewürz
- 1 TL gehackter Thymian

Hauptmahlzeiten

Hauptmahlzeiten

Straußensteaks mit Auberginengemüse

 fertig in: 20 Minuten | davon aktiv: 20 Minuten
281 kcal | 1177 kJ

Auberginen waschen, Zwiebeln schälen und beides würfeln. 2 TL Öl in einer Pfanne auf mittlerer Stufe erhitzen, Auberginen- und Zwiebelwürfel darin ca. 5 Minuten braten. Passierte Tomaten und 1 TL Majoran zugeben und Auberginengemüse ca. 5 Minuten garen.

Steaks abspülen, trocken tupfen und mit Salz und Pfeffer würzen. Restliches Öl in einer Pfanne auf mittlerer bis hoher Stufe erhitzen und Steaks darin ca. 5 Minuten von jeder Seite braten.

Knoblauch pressen, mit Margarine und restlichem Majoran verrühren. Auberginengemüse mit Salz und Pfeffer abschmecken. Steaks mit Kräutermargarine und Gemüse servieren.

Für 4 Personen:

- 600 g Auberginen
- 2 Zwiebeln
- 4 TL Rapsöl
- 400 g passierte Tomaten (Konserve)
- 2 TL gehackter Majoran
- 4 Straußensteaks (à 150 g)
- Salz, Pfeffer
- 1/2 Knoblauchzehe
- 4 TL Halbfettmargarine

Putenbraten mit Karotten-Lauch-Gemüse

fertig in: 70 Minuten | davon aktiv: 35 Minuten
269 kcal | 1127 kJ

Zwiebel schälen und in breite Spalten schneiden. Karotten schälen, längs halbieren und in Scheiben schneiden. Lauch waschen und in Ringe schneiden. Putenbrustfilet abspülen, trocken tupfen und mit Salz, Pfeffer und Paprikapulver würzen.

Öl in einem Bräter erhitzen, Putenbrust darin ca. 10 Minuten von allen Seiten anbraten und herausnehmen. Backofen auf 160° C (Gas: Stufe 1, Umluft: 140° C) vorheizen.

Zwiebelspalten mit Karottenscheiben und Lauchringen im Bratensatz ca. 5 Minuten braten. Mit Salz, Pfeffer und Majoran würzen, mit Fond ablöschen, Putenbrust daraufgeben und im Backofen im unteren Drittel ca. 35 Minuten garen, dabei regelmäßig mit Garsud begießen.

Putenbrust herausnehmen. Karotten-Lauch-Gemüse mit Crème légère verfeinern und mit Salz und Pfeffer abschmecken. Putenbraten nach Wunsch mit rosa Pfefferbeeren und gehackter Petersilie garnieren und mit Gemüse servieren.

Für 4 Personen:

- 1 Zwiebel
- 500 g Karotten
- 500 g Lauch
- 500 g Putenbrustfilet
- Salz, Pfeffer
- 1 TL Paprikapulver
- 1 EL Rapsöl
- 1 TL gehackter Majoran
- 200 ml Geflügelfond
- 6 EL Crème légère

Hauptmahlzeiten

Hauptmahlzeiten

Pfefferlachs mit Kohlrabi

 fertig in: 20 Minuten | davon aktiv: 15 Minuten
493 kcal | 2062 kJ

Backofen auf 200° C (Gas: Stufe 3, Umluft: 180° C) vorheizen. Lachsfilets abspülen, trocken tupfen, mit Salz und Zitronensaft würzen und auf ein mit Backpapier ausgelegtes Backblech legen. Kräftig pfeffern und im Backofen auf mittlerer Schiene ca. 13–15 Minuten garen.

Zwiebel und Kohlrabi schälen, Zwiebel würfeln und Kohlrabi in Stifte schneiden. Öl in einem Topf auf mittlerer Stufe erhitzen und Zwiebelwürfel darin glasig dünsten. Mit 200 ml Milch ablöschen, Kohlrabistifte zugeben und mit Deckel ca. 6–8 Minuten garen.

Stärke in restlicher Milch anrühren, im Kohlrabigemüse verrühren und aufkochen lassen. Kohlrabigemüse mit Petersilie und Muskatnuss verfeinern und mit Salz und Pfeffer abschmecken. Pfefferlachs mit Kohlrabi servieren.

Für 2 Personen:

- 2 Lachsfilets (à 125 g)
- Salz, grob gemahlener bunter Pfeffer
- 1 TL Zitronensaft
- 1 Zwiebel
- 3 Kohlrabi
- 1 TL Rapsöl
- 250 ml fettarme Milch
- 1 TL Speisestärke
- 1 EL gehackte Petersilie
- 1 Msp. geriebene Muskatnuss

Auf das Radl, fertig, los

Wann immer Freunde eine Radtour planen, schlägt Monika vor, doch lieber ins Kino zu gehen: Mit ihren mehr als 100 Kilo hat die heute 26-Jährige einfach keine Lust auf sportliche Aktivitäten. Heute ist die Münchnerin 29 Kilo leichter und radelt allen davon.

Name: Monika
Alter: 26 Jahre
Erfolg: -29 kg
Teilnahme: Treffen

Im Sommer schnell mit dem Rad zu den Isarauen zu fahren, im Bikini an der Isar zu liegen – das kann sich Monika lange nicht vorstellen. Viel zu viele Kilos bringt die Sozialpädagogin auf die Waage – angefuttert während des Studiums. Ende 2010 entsteht dann auf einer ihrer Unternehmungen mit Freunden ein Foto, bei dem es Klick macht. Anfang 2011 startet sie im Weight Watchers Treffen durch: „Als Studentin hatte ich die Zeit, ins Treffen zu gehen, und der direkte Kontakt zum Coach, aber auch zu anderen Teilnehmern, hat mich sehr motiviert."

Gleich von der ersten Woche an hat Monika Erfolg und verliert kontinuierlich an Gewicht. Gerade einmal ein gutes Jahr braucht sie für eine Abnahme von 29 Kilo. Sie wird Gold Mitglied und hält ihr Wohlfühlgewicht nun schon mehr als zwei Jahre. Ihr neuer Ernährungsstil ist ihr in Fleisch und Blut übergangen: Viel Gemüse, noch mehr Salat und mageres Fleisch, am liebsten Hähnchen, kommen bei ihr auf den Teller. Auch Eier stehen regelmäßig auf ihrem Speiseplan: Das Frühstücksei morgens hält sie lange satt, abends toppt ein hart gekochtes Ei den Salat.

Ihrer Leidenschaft für Kuchen kann Monika auch mit Weight Watchers weiter nachgehen: „Wenn bei einer Familienfeier drei Kuchen auf dem Tisch stehen, esse ich von jedem ein halbes Stückchen – statt wie früher drei ganze." Und wenn es doch mal ein Stück Torte mehr wird, gleicht Monika das mit Bewegung aus: Während der Abnehmphase geht sie konsequent zweimal in der Woche zum Schwimmen und zieht im Hallenbad ihre 30 Bahnen. Letztlich wird ihr das allerdings zu aufwändig und sie beginnt zu joggen, gemeinsam mit ihrem Freund. Bis heute machen die beiden jeden Abend zu Hause Sit-ups für die Bauchmuskeln, damit sie wirklich dranbleiben.

Seit Monika abgenommen hat, ist sie insgesamt offener geworden: „Wenn ich früher mit jemandem gesprochen habe, habe ich oft gedacht: Jetzt zieh' bloß den Bauch ein oder halt' dir etwas davor! Denn da war immer der Hintergedanke: Wie komme ich wohl an? Heute fühle ich mich in mir selbst viel wohler, gehe auch mal ungeschminkt auf die Straße. Klar bin ich nicht perfekt – aber einfach rundum zufrieden!"

Wenn du wie Monika durchstarten möchtest, dann schau einfach bei einem Treffen in deiner Nähe vorbei:

www.weightwatchers.de/treffenfinden

www.weightwatchers.de/monatspass

Erfolgsstory

Monikas Erfolgstipps: „Das hilft mir im Alltag"

- Ich versuche, morgens und mittags Punkte zu sparen, damit ich abends einen Puffer für einen Nachtisch, für Kekse oder Wein habe.
- Für den kleinen Hunger unterwegs habe ich immer Obst in der Handtasche.
- Ich entscheide, was ich essen möchte, und habe aufgehört, jemandem zuliebe etwas zu essen.
- Besondere Motivation finde ich im Austausch mit anderen Teilnehmern in den Gruppen der Weight Watchers Online-Community.

Autorin: Silke Bruns
Fotografin: Tania Walck

Register nach Alphabet

B

Barbecuesalat mit Tatar	8
Bauernfrühstück mit Gemüse	54
Bifteki mit Zaziki	35
Blumenkohlpfanne mit Hähnchen	70
Blumenkohlsalat mit feurigem Rinderfilet	32
Broccolisuppe mit Hähnchenwürfeln	23
Bunte Gemüsefrittata	65
Bunter Eiersalat	11

C

Caesar's Salad	39
Chicken Wings mit Worcesterdip	15

E

Eier in Gemüse-Curry-Ragout	73

F

Frikadellenspieße mit Gurkensalat	20
Fruchtiger Quark mit Papaya	82

G

Gemüsesuppe mit Kräuter-Eierstich ▶	31
Grüner Salat mit Avocado-Orangen-Dressing	19

H

Hähnchen mit Kräuter-Paprika-Quark	16
Heilbuttfilet mit Steckrübenstampf und Sauerkraut	69

J

Jakobsmuscheln mit Spitzkohl	77

K

Käsebällchensalat mit Rhabarberdressing	43
Kräuterforelle aus dem Ofen	98
Kräuterpangasius mit Ofentomaten	61

L

Lauwarmer Spargelsalat mit Garnelen	28

M

Mediterraner Putenbraten	62
Minischnitzel mit Rucolapesto	50

O

Ofenfilet Toskana	94
Omelett mit Lachs-Paprika-Gemüse	50

P

Pfefferlachs mit Kohlrabi	105
Putenbraten mit Karotten-Lauch-Gemüse	102
Puten-Cordon bleu mit Tomatensalat	78
Putenfrikadellen mit Spinatsalat	27
Putengeschnetzeltes mit Roquefort	49
Putenschnitzel mit Kohlrabipommes ▶	86

R

Rinderfilet mit mediterranem Gemüse	81
Rinderhüftsteak mit Avocado	66
Rindersteak mit süßsaurem Spinat	82
Rindersteaks mit Auberginenmus	57
Rotbarschspieß	
mit Bohnen-Tomaten-Gemüse	53
Rotkohlsalat mit Gänsetranchen	40
Rucola-Birnen-Salat mit Putenstreifen	12

S

Salat mit scharfem Paprikahähnchen	36
Salatwraps mit Pute	23
Schnelles Tomaten-Käse-Rührei	85
Schweinefilet auf Chutneysalat	74
Schweinefilet mit Kräuterhaube	46
Schweinemedaillons mit Ziegenfrischkäse	58
Straußenspieße mit Apfelchutney	24
Straußensteaks mit Auberginengemüse	101

T

Tintenfischringe mit Aioli ▶	90
Tortilla mit Zucchini und Tomaten	89

W

Wassermelonensalat mit Schafskäse	36
Wildschweinmedaillons mit Gemüseröllchen	97

Z

Zwiebelsteaks mit Tomatensalat	93

Lust auf...

...Eier?

Bauernfrühstück mit Gemüse	54
Bunte Gemüsefrittata	65
Bunter Eiersalat	11
Eier in Gemüse-Curry-Ragout	73
Omelett mit Lachs-Paprika-Gemüse	50
Schnelles Tomaten-Käse-Rührei	85
Tortilla mit Zucchini und Tomaten	89

...etwas Besonderes?

Blumenkohlsalat mit feurigem Rinderfilet	32
Heilbuttfilet mit Steckrübenstampf und Sauerkraut	69
Jakobsmuscheln mit Spitzkohl	77
Ofenfilet Toskana	94
Rinderfilet mit mediterranem Gemüse	81
Schweinefilet mit Kräuterhaube	46
Wildschweinmedaillons mit Gemüseröllchen	97

...Fisch & Meeresfrüchte?

Heilbuttfilet mit Steckrübenstampf und Sauerkraut	69
Jakobsmuscheln mit Spitzkohl	77
Kräuterforelle aus dem Ofen	98
Kräuterpangasius mit Ofentomaten	61
Lauwarmer Spargelsalat mit Garnelen	28
Omelett mit Lachs-Paprika-Gemüse	50
Pfefferlachs mit Kohlrabi	105
Rotbarschspieß mit Bohnen-Tomaten-Gemüse	53
Tintenfischringe mit Aioli	90

...Mediterranes?

Mediterraner Putenbraten	62
Ofenfilet Toskana	94
Rinderfilet mit mediterranem Gemüse	81
Rindersteaks mit Auberginenmus	57
Straußensteaks mit Auberginengemüse	101

...Ofenküche?

Kräuterforelle aus dem Ofen	98
Kräuterpangasius mit Ofentomaten	61
Mediterraner Putenbraten	62
Ofenfilet Toskana	94
Putenbraten mit Karotten-Lauch-Gemüse	102
Schweinefilet mit Kräuterhaube	46

...Salat?

Barbecuesalat mit Tatar	8
Bunter Eiersalat	11
Caesar's Salad	39
Grüner Salat mit Avocado-Orangen-Dressing	19
Käsebällchensalat mit Rhabarberdressing	43
Lauwarmer Spargelsalat mit Garnelen	28
Rotkohlsalat mit Gänsetranchen	40
Rucola-Birnen-Salat mit Putenstreifen	12
Salat mit scharfem Paprikahähnchen	36
Wassermelonensalat mit Schafskäse	36

...schnelle Küche?

Bunter Eiersalat	11
Fruchtiger Quark mit Papaya	82
Pfefferlachs mit Kohlrabi	105
Schnelles Tomaten-Käse-Rührei	85
Schweinemedaillons mit Ziegenfrischkäse	58
Straußensteaks mit Auberginengemüse	101
Wassermelonensalat mit Schafskäse	36

...Steak?

Rinderhüftsteak mit Avocado	66
Rindersteak mit süßsaurem Spinat	82
Rindersteaks mit Auberginenmus	57
Zwiebelsteaks mit Tomatensalat	93

...Suppe?

Broccolisuppe mit Hähnchenwürfeln	23
Gemüsesuppe mit Kräuter-Eierstich	31

...Vegetarisch?

Bauernfrühstück mit Gemüse	54
Bunter Eiersalat	11
Eier in Gemüse-Curry-Ragout	73
Fruchtiger Quark mit Papaya	82
Gemüsesuppe mit Kräuter-Eierstich	31
Grüner Salat mit Avocado-Orangen-Dressing	19
Käsebällchensalat mit Rhabarberdressing	43
Schnelles Tomaten-Käse-Rührei	85
Tortilla mit Zucchini und Tomaten	89
Wassermelonensalat mit Schafskäse	36

Deine Meinung ist gefragt!

Wie gefällt dir dieses Buch?
Sind deine Erwartungen erfüllt? Hast du Anregungen oder Ideen?
Jedes Lob, aber auch Kritik hilft uns dabei, noch besser zu werden.

Wir freuen uns auf deine Bewertung dieses Kochbuchs unter:
weightwatchers-shop.de

Oder schicke uns eine E-Mail an:
leserservice@weight-watchers.de

Dein Weight Watchers Leserservice

Diese Bücher könnten dir auch gefallen!

So hältst du die Woche einfach durch, ohne in die Kalorienfalle zu tappen: Die besten Rezepte für einen guten Start in den Tag, für ein gesundes Mittagessen im Büro und für einen entspannten Abend.

ISBN 978-3-9816174-5-0

Auch im Alltag geht's besonders und inspirierend. Ob Fleisch, Fisch oder vegetarisch, ob herzhaft oder süß – hier findet jeder etwas für jeden Tag und jeden Geschmack.

ISBN 978-3-9816174-6-7

Impressum

Redaktion
Weight Watchers
Claudia Braun, Claudia Thienel

Realisierung
The Food Professionals Köhnen AG, Sprockhövel

Projektleitung
Silke Höpker

Rezepte
Ingrid Schmand, Kathrin Schmitt

Versuchsküche
Dennis Webers

Fotografie
Klaus Arras, Andreas Ketterer, Dirk Przibylla, Stefan Schulte-Ladbeck
Thinkstock (Seiten 4, 5)

Foodstyling
Katja Briol, Marc Fleischer, Evelyn Layher, Stefan Mungenast, Christa Schraa

Gestaltungskonzept und Grafik
The Food Professionals Köhnen AG, Sprockhövel
Petra Penker, Anja Perlick

Druck
paffrath print & medien GmbH, Remscheid

2. Auflage

weightwatchers
Info-Hotline 01802-23 45 64*
www.weightwatchers.de

© 2016 Weight Watchers International, Inc. Der Nachdruck sowie die Verbreitung, auch auszugsweise, in jeder Form oder Weise dieses Buchs ist nur mit vorheriger schriftlicher Genehmigung des Herausgebers erlaubt. Alle Rechte vorbehalten.

WEIGHT WATCHERS und SmartPoints sind eingetragene Marken von Weight Watchers International, Inc.

*0,06 €/Anruf aus dem Festnetz, Mobilfunk höchstens 0,42 €/Minute.

PEFC zertifiziert
Dieses Papier stammt aus nachhaltig bewirtschafteten Wäldern und kontrollierten Quellen.

www.pefc.de